Apki Ghazal

Through Fictional and Nonfictional Canvases of Verse

Isha Sharma

BookLeaf Publishing

India | USA | UK

Made with ❤ on the BookLeaf Publishing Platform
www.bookleafpub.in
www.bookleafpub.com

This book is dedicated to everyone whose love, wisdom, and influence have shaped my journey as a poet.

To my mother, whose unwavering support and encouragement have been the foundation of my creative endeavors, this collection is a testament to your belief in me.

To everyone who finds comfort and inspiration in poetry, I hope these verses reflect your own experiences and feelings.

"Apki Ghazal" is for you as much as it is for me.

Acknowledgement

This collection, 'Apki Ghazal': Through Fictional and Nonfictional Canvases of Verse,' would not have been possible without the support and encouragement of many wonderful people.

I am deeply grateful to Vasu, Muchki and close friends for their unwavering belief in my work, which has given me the motivation and strength to pursue my passions. Your patience, understanding, and constant encouragement have been my greatest support.

A special thanks to my teacher, who inspired me to write my first poem when I was in class 9. I will always appreciate her invaluable feedback and guidance during my early writing.

Great thanks to my father, who read each of my poems with utmost dedication, appreciated them every time, and motivated me to write more. A special thanks to my brother, who has been both my biggest critic and my silent supporter.

I also thank BookLeaf Publishing for their support and resources, which have been crucial in bringing this book to reality.

To all the readers and poetry lovers who inspire me with their passion, thank you for being part of this journey. Your appreciation of poetry fuels my creativity and commitment to this art.

Preface

In this collection, Apki Ghazal takes readers on a journey through different aspects of life, looking at both fictional and real experiences. Apki Ghazal delves into the essence of our existence through carefully crafted verses that blend imagination with truth. Each poem is a reflection of the soul's deepest emotions and thoughts, offering a unique perspective on life's intricacies.

The poems in this book come from deep reflection and creativity. Apki Ghazal invites readers to explore themes of love, loss, joy, and thought, capturing these feelings in beautiful words. The mix of fiction and reality in the poems offers a rich look at human emotions and experiences.

As you turn the pages, you will find yourself immersed in a world where words transcend mere expression and become a canvas for the heart's deepest desires and reflections.

उनसे पहली मुलाकात

उस रात के आग़ोश में लहरों का जोश था,
उससे मोहब्बत की बात शुरू होते ही ये दिल मदहोश
था।

क़िस्से यूँ चले कि हमको वक़्त का ना कुछ होश था,
उसकी सादगी और समर्पण देख ये दिल ख़ामोश था।

आँखें नम और होंठ सी चुके थे,
अब ख़ानाबदोश मन ठहर जाने को सरफ़रोश था।

सौंदर्य का सत्य

मत कर रंग-रूप का बैर,
छाया भी होती है काली।
कर सीरत पर विश्वास,
मैं बनूं फूल और तू माली।

पुतली की चादर

मन मेरा मनचला पल-पल ये कहता है
पुतली की चादर ओढ़े अंदर सब सहता है।
कौन जाने ये क्या ख़याल बुनता है
सब राज़ छुपाए बड़े पत्थर ढोता है।

कोई सुनता ही नहीं इसकी बस सब कि ये सुनता है
बर्फ़ जैसा ख़ुद को समझता और भरता है।
मन मेरा मन चला पल-पल ये कहता है
पुतली की चादर ओढ़े अंदर सब सहता है।

क्या ख़ूब परचे ये सीता है
लिख-लिखकर फेंकता और समेटता है।
क़लम से यारी कभी तो आँसुओं की बारी कभी
रंगों से भरा कभी बेरंग ये लगता है।
मन मेरा मन चला पल पल ये कहता है
पुतली की चादर ओढ़े अंदर सब सहता है।

हवाओं में मसकली

यायावर बनकर घूमूं फ़िज़ाओं में,
मटरगश्ती की चादर ओढ़े,
मसकली बनकर उड़ूं हवाओं में।

सांझ ढलने पर भी ना आऊं मैं,
रिवायत यही बन जाए फिर घटाओं में।
रक़्स करती, लहराती, गुनगुनाती जाऊं मैं,
रफ़्तार भर लूं ज़िंदगी की जटाओं में।

रोक ना पाए मेरे जुनून की उड़ान कोई,
पासबान बनने की ताक़त है इन भुजाओं में।
बदलाव ही एक मुसलसल है,
दूसरा ना कोई इन सीमाओं में।

आत्म-संघर्ष

ज़िंदगी की राहें अजीब,
कब कौन दूर, कौन क़रीब।
कभी कोई अपना ही रक़ीब,
कोई करे कोशिश, कोई बोले नसीब।

भूल-भुलैया सा मंज़र अंदर,
'मैं' की रट जैसा बवंडर।
कोई चीर दे तो बने खंडर,
कोई सी दे तो बने समंदर।

कौन क्या खोए, क्या पाए,
सभी इस पशोपेश में समाए।
मायाजाल सा नज़र आए,
मोरे सुख-दुख लगे लगाए।

इश्क़, मोहब्बत और सुकून
साथ-साथ

इश्क़, मोहब्बत और सुकून साथ ले चलो।
हज़ारों की भीड़ में कुछ ख़यालात ले चलो।

गुफ़्तगू करनी है कुछ अल्फ़ाज़ ले चलो।
पैंसिल की नोक और कागज़ात ले चलो।

दिल खिलौना नहीं, मान सको तो मान लो।
कलम, स्याही और थोड़े जज़्बात ले चलो।

अल में डूबे इन हाथों को चूम लो।
आराइश से भरी इस शाम में झूम लो।

इश्क़, मोहब्बत और सुकून साथ ले चलो।
हज़ारों की भीड़ में कुछ ख़यालात ले चलो।

मेमार हम ही हैं

उन दूरियों के मुसाफ़िर हम ही हैं,
इन बस्तियों के काफ़िर हम ही हैं।
झुकी आँखों के आबशार हम ही हैं,
तेरी खुशियों के मेमार हम ही हैं।

चिलमन के पार

सबको जिसकी तलाश है वो मेरे पास है।
तराशा हुआ चिलमन सबसे खास है।
चकाचौंध से राहत दे ये वो लिबास है।
चाहत और उंस भर दे यही तो वो प्यास है।

संघर्ष का सफर

सुबह की किरणों से पहले निकलता बाज़ार में,
थकता, हाँफता, पहुँचता मंज़िल के दरबार में।
गाँव की मिट्टी को संजोए,
दिन भर करता काम इसी इंतज़ार में,
घड़ी आए और दो वक्त की रोटी दे परिवार में।

मन लगाकर करता काम अपने कारोबार में,
कौन देख पाया उसका दर्द, जो ग़रीब है इस संसार में।
आलस्य से कोसों दूर, मेहनत के करीब,
खड़ा अकेला ख़ुशियों के इंतज़ार में।
बच्चों को दे खिलौने, इतनी कहाँ हैसियत उसकी,
लकड़ी का घर बनाए, इन ख़ुशियों की गिनती न हज़ार
में।

सपने रंगता चला उम्मीद के औज़ार से,
तिनका-तिनका जोड़, भूखे पेट है सोता।
ठंड से बिलखता, पूछता इस संसार से,
क्या परिवार की ख़ातिर बेची तुमने ख़ुशियाँ बेपरवाह
बाज़ार में।

पहाड़ों पर चढ़ाई का आनंद

इन सड़कों से जा मिली मेरी सड़क
छम-छम करती बूँदें लगें बड़ी कड़क
वो सुहाना मौसम वो सर्द हवाएं
कुछ तो बात है जो हर मौसम हमें बुलाएँ

नए लोगों से मुख़ातिब कराएँ
कुछ तो बात है जो हर मौसम हमें बुलाएँ
जोश मस्ती से तन-मन भर जाए
कुछ तो बात है जो हर मौसम हमें बुलाएँ
मन प्रसन्नता से हर एक को खींच लाए
कुछ तो बात है जो हर मौसम हमें बुलाएँ

हर तरफ छाए खुशी की लहर,
गांव वाले नज़ारे देखें हर पहर।
चुपके से बूँदें हमें सहलाए
कुछ तो बात है जो हर मौसम हमें बुलाएँ

थके हांफते दूर तलक नज़रे जाएं
गर्म चाय ढूंढें और खूब चिल्लाएं।
बादलों ने छेड़े हैं सुर ताल,
यह कहां आ पहुंचे कि लगे सब बेमिसाल।
दूर तक गूंजती हैं कथाएं,
कुछ तो बात है जो हर मौसम हमें बुलाएं।

पहुंच के शिखर पर एक-दूसरे को सहलाएं,
खाना खाते-खाते सब गुनगुनाएं।
देखने नज़ारे हम फिर से आएं,
लेकर यही दुआ हम घर को जाएं।
वो सुहाना मौसम वो सर्द हवाएं,
कुछ तो बात है जो हर मौसम हमें बुलाएँ।

बताओ, कहाँ छुपे हो तुम?

मिली थी कोई राह,
कहीं जाकर मिले थे तुम।
जुस्तजू थी उन आँखों में,
हंसी-ठिठोली थी उन बातों में।
बस करो परिहास करना,
बताओ, कहां छुपे हो तुम?

तालियों की गड़गड़ाहट थी हर पल,
फुरकत यूं हुई, अब ना हो कोई कल।
स्मृति बनकर रह गए तुम,
बताओ, कहां छुपे हो तुम?

दे गए मुसलसल इंतज़ार और ग़म,
कसक इतनी है, आंखें पड़ी हैं नम।
कब आओगे, सब पड़े गुमसुम,
बताओ, कहां छुपे हो तुम?
बताओ, कहां छुपे हो तुम।

मज़हब के परे: एक नज़रिया

राम नाम जपो या जपो अल्लाह हो अकबर
आँख बंद हुए आओगे एक चादर के अंदर
उसकी नज़र में हम सब एक समान
फिर तू हिंदू ना मुसलमान
मज़हब है एक वहाँ,
कौन सबसे बड़ा इंसान।

बनेगा राम मंदिर या बाबरी मस्जिद
था सबसे बड़ा सवाल।
हर तरफ़ हाय-तौबा और ज़िद
धर्मियों का मचा बवाल।

लो, आ गया है फैसला, सोचो जीत क्या और हार क्या
मुद्दा उठाने वाला चला गया
किसने क्या खोया, क्या पाया
सोचो तो ना हम हिंदू, ना मुसलमान
इस जन्म में धूप बने तो उस जन्म में छाया
ये सिर्फ़ उस अदृश्य शक्ति की माया
जिसने ये संसार चलाया।

किसी भी रूप में पूज लो, हैं वो एक
तुम मेरे-मेरे करते रहो, मगर उसके रूप अनेक।

अंत में कुछ ना पाओगे, जो बोया वही काटोगे
कहना बंद करो कि मेरा वाला ही महान
पहले अंदर झाँक ले, खत्म कर अंदर का शैतान
परे है वो उस शक्ति का रूप जो ना हिंदू है ना
मुसलमान।

जो ना हिंदू ना मुसलमान।

मुश्किलों के दरिया में हौसले की नाव

ज़िंदगी एक दरिया है डूबते ही जाओगे।
नहीं समझे इसकी अहमियत तो बहुत पछताओगे।

मुश्किलें आएंगी इसके हर मोड़ पर।
राहें आसां ना सही पर कुछ तो पाओगे।

अपनी ज़िंदगी की डोर को पकड़े रहो।
वरना मंज़िल से दूर हो जाओगे।

ज़रा देखो अपने आसपास के लोगों को,
जिनके बहुत से सपने अधूरे रह जाते हैं।
लाख मुश्किलें पार कर आगे बढ़ जाते हैं।

हिम्मत ना छोड़ो थामो दामन प्रबल शक्ति का।
आसां होगी हर राह, रखो भरोसा अपनी शक्ति का।

श्रेष्ठता का रहस्य

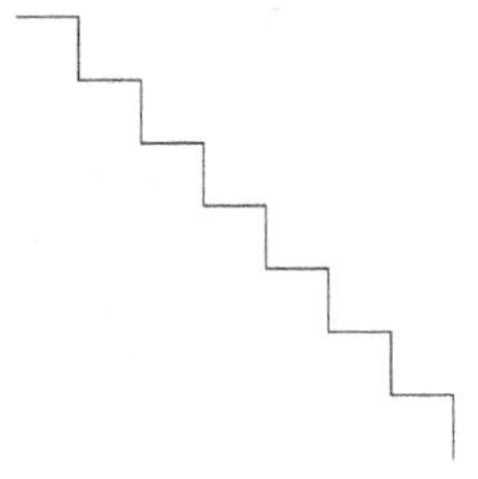

महत्वाकांक्षा कौन को ना होई,
जीत सका वही जिसको ना मोह कोई,
जीत का अभिप्राय कदापि फल का मोह नहीं,
श्रेष्ठ तो वही जिससे फल का त्याग होई।

रात का अफ़साना

रात की आँखों में कुछ अजनबी से ख्वाब हैं,
उन आँखों से बहते हुए अश्क लाजवाब हैं।

खुल्द जैसा मंज़र देखने लायक है,
हर नफ़स अपने आप में नायक है।

रंगमंच सा माहौल परस्पर बना है,
धुंध से ढके बादलों का तेवर तना है।

गौहर यूँ छलके मासूम सड़क पर,
मोहब्बत का यही बेशकीमती समा है।

लौट आया है कोई

जितना चाहो उतना बैठ जाने का जी करता है,
उल्फ़त ऐसी कि रम जाने का जी करता है,
वाकिफ़े ऐसे कि ग़म भुलाने का जी करता है,
नज़ारे ऐसे कि थम जाने का जी करता है।

देखो तो, पानी में भी एक बहाव सा है,
वहाँ जुग्नुओं में एक तनाव सा है।
लौट आया है कोई, क्या यह एक ख़्वाब सा है?

फ़ितूर या मोहब्बत, क्या लगता है आपको ?

सितारों का गुफ़्तगू करना जाता नहीं।
बाद-ए-सबा का गुनगुनाना भाता नहीं।

उम्मीद है, उसके तसव्वुर में कोई आता नहीं।
बुझी हुई उल्फ़त कोई जगाता नहीं।

उसकी नज़र का खुमार अब जाता नहीं।
मैं उसकी अफ़रीं अब वो गाता नहीं।

इस कशमकश के परिवेश में।
ये दर्द-ए-गुलिस्तां अब जाता नहीं।

राग द्वेष को खत्म करो

लड़ाई को मन के भीतर पनपने दो, हालातों से लड़ने दो।
लड़ाई को मचलो नहीं, दूसरों से लड़ने को।

राग-द्वेष तो मन के बैर हैं, उन्हें मरने दो।
दूसरों के प्रति प्रेम को अपने मन में बहने दो।

इत्तेफ़ाक से

मिले हो तुम हमको इत्तेफ़ाक से,
दास्तान-ए-मोहब्बत बनी इत्तेफ़ाक से।

उंस को अंततः मिली इत्तेफ़ाक से,
सिलसिले शुरू हुए इत्तेफ़ाक से।

सिफ़र को रुहानीयत मिली इत्तेफ़ाक से,
अंधेरे में रोशनी जगी इत्तेफ़ाक से।

हाथ जो थामा तुमने इत्तेफ़ाक से,
भटके को इनायत मिली इत्तेफ़ाक से।

ज़िंदगी में नूर लाए इत्तेफ़ाक से,
ख्वाबिदा बनाया मुझे इत्तेफ़ाक से।

पासबान बनके आए इत्तेफ़ाक से,
कुर्बत बढ़ाई तुमने इत्तेफ़ाक से।

अंतहीन पुराण बनाया इत्तेफ़ाक से,
अब इत्तेफ़ाक को करो विदा इत्तेफ़ाक से।

एक कश्ती का दर्द

पानी की शैय्या पर हुई मैं सवार,
वह कश्ती मैं जिसमें पड़ गई दरार।

जहां से गुज़रती, होती तालियों की तकरार,
नौका चालक भी करता था दीदार।

सालों बीते मुसाफिरों को किनारा दिखाते-दिखाते,
देख हालात मेरी, वे भी हैं मुँह फेर जाते।

समय बलवान किसी के लिए नहीं रुकता,
इंसान के साथ हम सबका सर झुकता।

सायंकाल ढल रही अब जीवन की,
स्याही ख़त्म अब कलम की।

वातावरण की चेतावनी

अर्थ को अनर्थ बनते देर नहीं लगती,
जीजिविषा को लालसा बनते पहर नहीं लगती।

गरजत नीरद ललकारते सभी,
ना माना मानुष तो ढहते हमें, देर नहीं लगती।

ग़रीब का मुसलसल इंतज़ार

कहीं धूप कहीं छांव।
उजड़े पड़े बहुत से गांव।
मिट्टी से जब घर बनाएं।
मिल बांटकर सब खाएं।

जहां साहब लोग दस लोटे बहाएं।
वहीं गरीब चंद बूंदों से नहाएं।
उम्मीद की एक किरण को आंखें तरस जाएं।
मगर हर रात साथ बैठकर खुशियों के दीप जलाएं।

जल-भात से सबके पेट भर जाएं।
खुशकिस्मत शहरों की मधुमक्खियां बचा हुआ खाना खाएं।
अच्छे दिनों के लिए लाख कोशिशें कर जाएं।
खत्म न होने वाला मुसलसल इंतज़ार किस्मत में पाएं।

प्रेम अमर है

एक आशियाने की चाहत है,
तुमसे बेपनाह मोहब्बत है।
हर लम्हा, हर दफ़ा तुम्हें चुनूं,
यही वो हसरत, यही वो जुनूनियत है।

ख्वाब नहीं हकीकत बनाना है,
सिर्फ लफ़्ज़ों में नहीं, मुमकिन कर दिखाना है।
जहां तक सोच न जा सके, उसके पार जाना है,
इस मोहब्बत को मुकाम बनाना है।

रकीब बड़े मिले हैं और मिलते रहेंगे,
प्यार के दो फूल खिले थे और खिलते रहेंगे।
जिसको जो कहना है, कह लो, जो करना है, कर लो,
हम वो दरिया हैं, जो मिले हैं तो साथ बहते रहेंगे।

ईश्वरीय आकांक्षा

जिस्म ये हार जाए, रूह न हारेगी,
एक रूप छोड़, दूसरा संवारेगी,
परमात्मा से मिलन को तब तक पुकारेगी,
कर्मसु कौशल का भाव न जानेगी।

सच या मुखौटा

आजकल हर चेहरे पर एक मुखौटा सा है,
आदमी सच या झूठा कहाँ पता चलता है।

हर चेहरे में एक चेहरा छुपा है,
मानो धरती की शुद्ध मिट्टी पर रेत या बालू पड़ा है।

हर इंसान के बीच एक दुर्ग सा बना है,
झूठ के लाखों चेहरों में सच काले बादलों से ढका है।

कहने को नकारात्मक छाया है बुरी,
किन्तु झूठ सच से एकदम जुड़ा है।

एक ही चक्र के दो पहिए,
लेकिन दोनों एकदम जुदा हैं।
पुकारो एक को तो दूसरा साथ में चला है,
कितना भी छुड़ाना चाहो,
लेकिन झूठ सच से ही जुड़ा है।

तू मेरा वादक, मैं तेरी वीणा

मोहें सुध बुध न होई,
जो तोसे नैना चार होई।
जुगनू जैसी चम-चम करूँ,
तू मेरा वादक, मैं तेरी वीणा बनूँ।

लहराती जाऊं बगियन में,
खूब इठलाऊं सखियन में।
ख़ुशी की लहर अब पार होई,
जो तोसे नैना चार होई।

मधुर बांसुरी सुनाई देती श्रवण में,
स्वर्णिम उदय हुआ जब-जब जीवन में।
प्रेम रस में मगन होई,
जो तोसे नैना चार होई।

हर सांस तेरी पुकार करे,
मैं जानूं तू मेरी राह तके।
तू मुझमें, मैं तुझमें रम गई,
जो तोसे नैना चार हुई।

जो तेरा सहारा मिल गया होता

डूबते-डूबते पार पहुँच जाते
जो तेरा सहारा मिल गया होता।

ग़म में भी ख़ुशी के गीत गाते
जो तेरा सहारा मिल गया होता।

सिर्फ़ तुझको चाहा और तुझी को चाहते
जो तेरा सहारा मिल गया होता।

यूँ आँखों से न अश्रु गिर आते
जो तेरा सहारा मिल गया होता।

छोड़ सारी दुनिया तेरे पास ही आते
जो तेरा सहारा मिल गया होता।

आज रंज की बजाय ख़ुशी से जाते
जो तेरा सहारा मिल गया होता।